Les agissements de M. MAIGNC 
de mon père ont été portés à la c‹
publique dans le pays qu'habite ma famille.

Je n'ai pu, malgré la patience des amis dévoués qui ont bien voulu m'assister, obtenir la satisfaction que j'ai exigée des offenses graves que j'avais le devoir de relever.

Je désire que tout jugement sur cette affaire puisse s'établir preuves en mains.

Signé : Charles GERZAT.

PAROLES ADRESSÉES DIRECTEMENT EN DEHORS DE TOUTE DISCUSSION, PAR M. MAIGNOL A M. GERZAT PÈRE, LE 22 FÉVRIER 1876.

« Je comprends qu'on ne soit pas bonapartiste, mais je n'admets pas qu'on *s'encanaille* au point de faire voter pour X... Cette façon d'agir *vous attire le mépris des honnêtes gens,* et on n'y gagne que la haine de la canaille. Nos relations... etc. »

M. GERZAT père A M. MAIGNOL.

Montmarault, le 23 février 1876.

Monsieur,

Nous avions été jusqu'ici en bonnes relations, en dehors de toute politique. Il vous plaît de les rompre, je ne le regrette nullement.

Les sentiments d'estime et d'amitié que j'avais pour vous m'ont empêché de vous répondre immédiatement ; mais je tiens à vous renvoyer exactement les expressions que vous avez employées à notre égard.

Il y a heureusement d'honnêtes gens en dehors du parti bonapartiste, qui donne asile déjà à beaucoup de canailles, et bientôt ne comprendra plus que cette catégorie d'individus. Vous n'en ferez peut-être plus partie alors.

Signé : GERZAT.

1

M. CHARLES GERZAT A M. MAIGNOL.

Paris le 25 février 1876.

Monsieur,

En dehors de ce que vous comprenez ou ne comprenez pas en fait d'opinion et d'actes politiques, vous avez oublié que l'honorabilité de mon père et la dignité de sa vie en font autre chose qu'un homme *encanaillé, digne du mépris d'honnêtes gens* quels qu'ils soient.

Vous avez oublié que son âge seul, joint à cette honorabilité, devait le mettre à l'abri de toute injure de votre part. Vous lui deviez le respect de l'homme honorable, et la politesse de l'homme bien élevé.

J'ai l'honneur de vous saluer.

Signé : CH. GERZAT.

M. MAIGNOL A M. CHARLES GERZAT.

Concize le 26 février 1876.

Monsieur,

J'ai eu avec monsieur votre père une explication mardi 22 février ; j'ai reçu une lettre de lui mercredi 23, je lui ai écrit de mon côté vendredi 25, une lettre très-longue et explicite (6 pages), *avec la pensée qu'elle vous serait communiquée.*

J'en maintiens d'une façon absolue les expressions et les idées.

J'ai fait mettre ma lettre à la poste à Montmarault vendredi 25 ; j'ai négligé de la faire charger ; mais si elle n'était pas arrivée à son adresse, je pourrais la rééditer, car j'en ai conservé copie.

Je vous prie d'agréer, Monsieur, mes salutations.

Signé : L. MAIGNOL.

M. MAIGNOL A M. GERZAT père.

Concize, le 25 février 1876.

Monsieur,

Je n'ai pas comme les orateurs républicains l'habitude de pérorer sur les places publiques et dans ces conditions, notre entretien de mardi ne pouvait qu'être très laconique, mais surtout clair et explicite. Je croyais avoir atteint ce but et pensais que l'incident était à peu près clos. Je me suis trompé, je le vois, et j'aurais mieux fait dès le principe, de céder à l'idée que j'avais de vous écrire : *Scripta manent verba volant.* Je viens donc, Monsieur, répondre à votre lettre et malgré les quelques aménités républicaines qu'elle contient, je le ferai avec la modération due à votre âge. Je me figurais qu'après les journées de juin 1848, la Commune de 1870 et l'émeute en présence de l'ennemi, tout homme honnête et sensé ne pouvait s'affubler du titre de républicain ; vous, moins que personne, car Madame votre tante et Monsieur votre père étaient très légitimistes à ce que m'a dit ma grand' mère. L'on a généralement les idées de sa famille, si vous ne les avez plus maintenant vous les avez eues sans nul doute. Vous êtes devenu républicain.

A quel motif attribuer ce changement?

Avec votre caractère bon mais faible. Le motif n'est un secret pour personne. Je vous prenais il est vrai, pour un républicain honoraire et j'ai été détrompé il y a 18 mois ou 2 ans, en apprenant par hasard qu'à la suite d'un discours prononcé sur la place publique en 1870 par un citoyen quelconque, venu là pour pérorer et non pour défendre le pays, naturellement, vous avez de concert avec la partie la moins épurée du pays, crié vive la République. Ceci avait commencé à jeter du froid dans nos relations et je pourrais même dire à les interrompre ; j'avais même fait part de mes impressions à votre fils Charles et je pensais que vous vous en seriez aperçu vous-même, cela m'aurait évité l'explication désagréable de mardi. Depuis vous avez fait des progrès, vous êtes passé du rose au rouge cramoisi ; vous avez, vous qui vous dites libéral, fait de la propagande pour un homme qui demande l'instruction obligatoire et laïque, et votre fille a été élevée au couvent, quelle anomalie?

Du reste, il n'y a là rien d'étonnant : quand l'on se trouve sur la pente républicaine, l'on dégringole jusqu'en bas ; les Girondins qui dès le principe étaient d'honnêtes gens ont voté la mort du roi.

Je reviens à ce qui me concerne. Ma profession de foi est courte : Tout, plutôt que la République, telle est ma devise. A mon avis, républicains et Prussiens marchent sur la même ligne et sont aussi dangereux les uns que les autres pour mon pays. Vous détestez Napoléon parce qu'il a renversé les républicains de 1848 ; moi, au contraire si j'ai des sympathies pour Napoléon, c'est parce qu'il a impitoyablement balayé les dits républicains ; j'aurais même à lui reprocher d'avoir été trop faible et tolérant vis-à-vis d'eux. Malgré mes sympathies, je n'hésiterais pas, je vous prie de le croire, Monsieur, à voter et faire voter énergiquement pour M. le comte de Chambord ou M. le comte de Paris, s'ils se présentaient à la députation vis-à-vis d'un républicain.

Vous n'arriverez pas non plus à persuader que MM. X... X... et leurs électeurs à Montmarault X... X... et autres qui ont fait de la propagande de concert avec vous, soient de braves gens. Légitimistes, orléanistes, bonapartistes, l'élite du pays ont voté pour M. X... et si vous faisiez appel aux électeurs de X... vous verriez paraître, à part de bien rares exceptions l'écume et la lie de notre région. Tant est vrai ce mot si fameux prononcé à la Chambre avec une restriction toute polie et parlementaire dans la première partie : « Je ne dis pas que tous les républicains sont des coquins, mais tous les coquins sont républicains ». Il est bon de rappeler un autre proverbe généralement vrai : *Qui se ressemble s'assemble* ; pour moi, Monsieur, vous ne me verrez jamais me réunir à X.. .X... et compagnie. Quand ils voteront d'une façon vous pourrez être sûr que je voterai de l'autre. S'il m'arrivait de n'être plus impérialiste, je ne deviendrais pas républicain, car je n'admettrais jamais de compromission avec la canaille. Du reste, espérons-le, quand vous aurez vu le retour de la Commune, vous changerez peut-être d'avis. A ce propos je me rappelle ce qui s'est passé au moment du vote de la loi sur la garde mobile proposée par le maréchal Niel ; j'ai entendu soutenir chez vous, certain jour que je m'y trouvais en visite avec mon ami M. Jémois, cette énormité : que l'armée active était inutile, que si la France était attaquée, l'on frapperait le sol du pied et qu'il en sortirait des soldats. J'ai été fort surpris d'entendre une théorie toute contraire cette année-ci au retour des réservistes : il fallait, disait-on, que tous les Français soient soldats. Il est beau de reconnaître ses erreurs, mais c'est un peu tard quand le mal est fait. Vous le voyez, Monsieur, il y a tant de dissemblance entre nos idées que toutes nos relations devaient cesser ; c'est pour cela que j'ai provoqué l'entrevue de mardi.

Voici textuellement ce que je vous ai dit : « Monsieur, vous détestez l'Empire, c'est votre droit ; vous n'avez pas voté pour M. X..., c'était encore votre droit ; vous avez manqué à votre dignité en faisant de la propagande pour M. X... le radical ; en conséquence je viens vous prévenir que toutes nos relations sont rompues. Vous êtes détesté par la canaille du pays, qui ne vous donne même pas ses voix au Conseil municipal (cela changera peut-être maintenant) et vous arriverez à perdre l'estime des gens de bien, en agissant contre eux et vous faisant leur ennemi. » Telles ont été mes paroles ; dans tout cela, je vois avec plaisir que nous sommes d'accord sur un seul point : le consentement mutuel de voir nos relations cesser.

Pardonnez-moi donc une lettre aussi longue, mais je

tenais essentiellement à vous montrer que tout ce que j'ai fait était profondément réfléchi.

J'affirme donc hautement et nettement tout ce que j'ai dit et j'en accepte toute la responsabilité.

Sur ce, Monsieur, je vous prie d'agréer mes salutations.

Signé : L. MAIGNOL.

M. GERZAT père A M. MAIGNOL.

Montmarault, 26 février 1876.

Monsieur,

J'ai horreur de l'Empire, parce qu'il est tombé dans la boue et qu'il nous a donné l'Invasion. Malgré votre exemple, je ne me permettrai pas de vous donner mon opinion sur ceux qui l'ont servi ou voudraient son retour.

J'aime la République, parce qu'elle a, autant qu'il était possible, réparé nos désastres et abattu la Commune. Je la soutiendrai de mes votes et du peu d'influence que j'ai dans le pays, parce qu'elle est le seul gouvernement maintenant possible en France. Nous différons d'opinion sur tous ces points, je le sais. Je ne répondrai pas davantage à votre dissertation pleine de faits erronés et d'aménités bonapartistes. Un mot, cependant. Tous les coquins sont républicains, dites-vous ? Vous oubliez l'histoire du dernier règne.

Je n'ai pas le droit de vous demander, et ne vous ai demandé aucune espèce d'explication sur votre façon d'agir de même que je ne vous reconnais, à aucun titre, le droit de juger ma conduite. L'avenir seul montrera qui de nous a raison.

Ma première lettre avait pour seul but de répondre à un terme blessant qui vous était échappé, je pense, puisque le compte rendu que vous avez bien voulu m'envoyer ne le reproduit pas. J'espère donc que c'est là la fin d'une correspondance déjà trop longue.

Veuillez agréer, Monsieur, mes salutations.

Signé : GERZAT.

———

M. MAIGNOL, A M. GERZAT père.

Concize, 27 février 1876.

Monsieur,

Si notre correspondance vous paraît trop longue, la faute en est à vous qui l'avez commencée ; je dois vous dire que, pour moi personnellement, elle ne présente point de charmes. Je viens cependant répondre à votre dernière épître du **26**. *Si ma lettre de vendredi, 25, n'est pas parfaitement similaire à notre conversation, c'est une erreur de ma part. Ce que je vous a dit mardi, 22, est l'expression absolue de ma pensée ; j'en accepte hautement tous les termes, sans les désavouer.*

J'ai reçu une lettre de votre fils Charles ; je lui ai dit de vous réclamer ma lettre de vendredi, **25** ; vous voudrez bien également lui envoyer celle que je vous adresse aujourd'hui.

Je vous prie d'agréer mes salutations.

Signé : L. MAIGNOL.

P. S. — J'oubliais une légère rectification d'un passage contenu dans votre lettre. Vous aimez la République, dites-vous, parce qu'elle a renversé la Commune; vous l'aimez, au contraire, depuis 1848. Vous détestez l'Empire, parce qu'il est cause de l'Invasion ; vous le détestez réellement depuis 1851.

M. Charles Gerzat a M. Maignol.

Montmarault, 2 mars 1876.

Monsieur,

J'ai l'honneur de vous demander réparation immédiate des insultes adressées à mon père, de vive voix, le 22 février, en ces termes : « Je n'admets pas qu'on s'encanaille au point de faire voter pour X.... Cette façon d'agir vous attire le mépris des honnêtes gens, et on n'y gagne, etc., » insultes aggravées par une lettre du 25, et maintenues d'une manière formelle par un dernier écrit du 27 février.

Un de mes témoins, M. Louis-Lande, rédacteur de la *Revue des Deux-Mondes*, est ici, prêt à se mettre en rapport avec les vôtres. Mon second témoin, M. le Docteur Magne, interne des hôpitaux, suppléé, s'il y a lieu, par mon frère, peut être près de moi demain, vendredi, à midi, si sa présence doit être utile à Montmarault.

J'ai l'honneur de vous saluer.

Signé : Charles Gerzat.

2

M. MAIGNOL A M. CHARLES GERZAT.

Concize, le 2 février 1876.

Monsieur,

J'étais absent au moment de la réception de votre lettre ; j'arrive à l'instant et m'empresse de vous répondre. *Je maintiens d'une façon absolue ce que j'ai dit mardi, 22 février.*

Prévenu à 5 heures du soir, j'envoie immédiatement une dépêche à Moulins, et par conséquent ne pourrai vous mettre en rapport avec mes témoins que demain seulement. Je suis désolé de ce contre-temps.

Vous voudrez bien m'accuser réception de ma lettre. Le porteur attendra votre réponse.

J'ai l'honneur de vous saluer.

Signé : L. MAIGNOL.

—

Le 3 février, M. Jémois se présente seul, au nom de M. Maignol.

Reçu par M. Louis-Lande, chez Madame Tourret, M. Jémois déclare avoir mission de régler toutes les conditions et propose, dès le début, que le combat ait lieu à l'étranger. M. Lande accepte ce choix, mais émet le doute que deux témoins seuls puissent régler le duel sérieux que comportent les circonstances. Il indique exactement les conditions reproduites dans la lettre collective du 13 mars.

M. Jémois juge alors nécessaire la présence des quatre témoins.

————

M. MAIGNOL A M. LOUIS-LANDE.

Concize, le 5 février 1876.

Monsieur,

J'ai l'honneur de vous informer que mon second témoin arrivera ce soir ou demain matin ; ces Messieurs pourront alors se mettre demain à votre disposition. Je vous écris en l'absence de M. Jémois qui est parti hier pour Moulins et arrivera également ce soir.

Veuillez agréer, Monsieur, l'assurance de mes sentiments très-distingués.

Signé : L. MAIGNOL.

————

Le 6 février, M. Magne, prévenu la veille par dépêche télégraphique, arrive à 10 h. 1/2 à Montmarault.

M. Louis-Lande et lui attendent inutilement pendant la journée les témoins de M. Maignol.

Vers 7 h. du soir, MM. Louis-Lande et Magne, craignant qu'il n'y ait eu malentendu, envoient un exprès chez M. Maignol.

M. Jémois a MM. Louis-Lande et Magne.

Concize, 6 mars 1876.

Monsieur,

Le second témoin que M. Maignol attendait ne peut venir : il nous faut chercher à le remplacer ; vous devez comprendre, Monsieur, qu'étant entouré d'amis communs à MM. Gerzat et Maignol, il nous est difficile dans cette petite localité de trouver immédiatement une personne disposée à prendre part à une affaire que l'on pourrait peut-être qualifier d'affaire politique.

M. Maignol donnera à M. Gerzat la satisfaction qu'il demande, mais il se voit obligé, à son grand regret, d'en retarder le moment. Dès qu'il sera prêt, une dépêche vous préviendra du jour et du lieu où il sera à votre disposition.

En terminant je dois, Monsieur, vous prévenir que, maintenant ce que je vous ai dit l'autre jour, je n'accepterai jamais que les conditions de combat habituelles.

Veuillez agréer, Monsieur, l'assurançe de mes sentiments distingués.

Signé : G. Jémois.

Je pars demain matin et voici mon adresse :

M. Georges Jémois, boulevard du Champbonnet, à Moulins.

MM. Louis-Lande et Magne a M. Jémois.

Montmarault, le 7 mars 1876.

Monsieur,.

Vous voudrez bien constater que M. Ch. Gerzat et ses deux témoins se sont tenus à la disposition de M. Maignol depuis le 2 février jusqu'à ce jour.

Après votre dernière lettre datée de Concize, le 6, constatant l'impossibilité où se trouve M. Maignol de répondre au rendez-vous d'honneur qui lui était fixé, suivant les règles admises en pareille matière, nous jugeons que cette affaire doit en rester là et défendons à notre ami de consentir à ce qu'il y soit donné suite désormais.

Laissez-nous vous faire observer seulement que toutes les pièces, qui sont entre nos mains, ne permettent pas d'attribuer au différend un caractère politique.

Nous n'avons pas à entrer dans les considérations qui vous empêcheraient d'assister M. Maignol en telle ou telle circonstance. Vous n'ignorez pas sûrement que l'offensé a le choix absolu des armes et que le duel au pistolet dans les conditions où nous nous étions placés, n'a rien que de parfaitement régulier.

En réponse à votre post-scriptum, nous faisant part de votre retour à Moulins et en raison des considérations qui précèdent, nous avons l'honneur de vous déclarer que nous partons nous-mêmes pour Paris, ce soir, en compagnie de M. Ch. Gerzat.

Cette lettre n'exige pas de réponse. Nous vous prions seulement de la communiquer à qui de droit.

Veuillez agréer, Monsieur, l'assurance de nos meilleurs sentiments.

Signé : L. LOUIS-LANDE,
7, rue de l'Abbé de l'Épée,
à Paris.

Dr P. MAGNE,
1, rue Lacépède,
à Paris.

———

MM. JÉMOIS ET CORNET A M. LOUIS-LANDE.

Moulins, le 11 mars 1876.

Monsieur,

Nous tenons à constater que, loin de vous répondre par une fin de non-recevoir, nous vous avons seulement demandé un délai pour trouver un second témoin. — Ce délai a été imposé à M. Maignol par les circonstances de force majeure que je vous ai fait connaître antérieurement.

Ce second témoin est maintenant à la disposition de M. Maignol, et voici ce que nous venons vous proposer :

Un duel à l'épée jusqu'à ce que l'un des deux combattants soit mis dans l'impossibilité de se servir de son arme.

Il est de notoriété publique que depuis 10 ans, M. Maignol n'a fréquenté ni salle d'armes, ni tir au pistolet, il n'a pas de préférence pour l'une ou l'autre de ces armes.

Nous tenons à l'épée parceque c'est l'arme des gens du monde qui ne sont ni invalides ni infirmes.

La rencontre aura lieu en Suisse, le rendez-vous à Genève, hôtel du Lac.

C'est là notre dernier mot : Si vous acceptez, je vous prie, Monsieur, de vouloir bien nous prévenir à temps du jour que vous choisirez afin que personne ne puisse manquer au rendez-vous.

Dans tous les cas nous attendons votre réponse et vous prions de communiquer cette lettre à qui de droit.

Agréez, Monsieur, l'assurance de nos meilleurs sentiments.

C. CORNET.　　　　G. JÉMOIS.

12, boulevard Champbonnet.

Moulins (Allier).

MM. LOUIS-LANDE ET MAGNE A MM. JÉMOIS ET CORNET.

Paris, 13 Mars 1876.

Messieurs,

Malgré la défense faite par nous à M. Ch. Gerzat, cédant à ses intances, après lecture de votre lettre, nous consentons à revenir sur une affaire que nous jugions difinitiv ment réglée.

Pas plus que M. Maignol, M. Ch. Gerzat n'a fait uñ étude spéciale de l'épée ou du pistolet ; mais à lui seul.

comme offensé, appartient le choix des armes ; à nous seuls aussi, ses témoins, le règlement des conditions et là dessus nous ne céderons rien de nos droits.

Sans autre considération nous avons l'honneur de vous déclarer :

Que le duel aura lieu au pistolet à vingt-cinq pas ordinaires, avec facilité pour chacun des adversaires d'avancer de cinq pas ;

A un signal donné les adversaires placés à la distance fixée tireront à volonté :

On échangera la première balle debout et sans désemparer.

S'il n'y a pas eu de résultat obtenu, les armes rechargées, les adversaires tireront l'un sur l'autre jusqu'à ce qu'une balle ait porté.

Les conditions secondaires, seront, si vous le voulez bien, discutées de vive voix entre nous ; votre lieu et votre jour sont les nôtres.

Agréez, Messieurs, l'assurance de nos sentiments distingués.

Signé : LOUIS-LANDE,   P. MAGNE.

MM. JÉMOIS ET CORNET A MM. LOUIS-LANDE ET MAGNE.

Moulins, 16 Mars 1876

Messieurs,

Le conflit primitif a eu lieu entre MM. Gerzat père et Maignol.

M. Gerzat fils a cru devoir intervenir et provoquer par lettre M. Maignol.

Nous voulons bien accepter la substitution du fils au père, mais nous maintenons énergiquement pour M. Maignol le choix des armes, M. Maignol ayant été provoqué par M. Gerzat fils.

Quant aux conditions de combat nous avons eu déjà l'honneur de vous les faire connaître.

Les voici : l'épée jusqu'à ce que l'un des combattants se trouve dans l'impossibilité absolue de se servir de son arme.

Nous espérons bien vivement que vous pourrez les accepter et attendons impatiemment votre réponse.

Agréez, Messieurs, l'assurance de nos sentiments distingués.

Signé : CORNET   G. JÉMOIS
à Montluçon (Allier).   à Moulins (Allier).

MM. LOUIS-LANDE ET MAGNE A MM. JÉMOIS ET CORNET.

Paris, 18 mars 1876

Messieurs,

La substitution de M. Charles Gerzat à son père âgé de plus de 60 ans n'est pas une concession de votre part mais un droit de la nôtre.

Quant à prétendre que M. Ch. Gerzat a provoqué M.

Maignol, il y a là une étrange confusion de termes. Jamais vous ne ferez entendre à personne qu'une lettre écrite précisément pour demander réparation constitue une provocation.

Veuillez donc vous en tenir aux termes de notre dernière lettre du 13 mars, et au cas où vous croiriez devoir refuser la satisfaction demandée, vous nous dispenseriez de répondre désormais à des lettres qui, tendant à renverser les rôles, ressemblent trop à des fins de non recevoir.

Veuillez agréer, Messieurs, l'assurance de nos sentiments distingués.

Signé : LOUIS-LANDE,   Dʳ MAGNE.

M. JÉMOIS A MM. LOUIS-LANDE ET MAGNE.

Moulins, 19 mars 1876.

Messieurs,

Vous persistez à présenter M. Maignol comme provocateur vis-à-vis de M. Gerzat fils.

Vous persistez à proposer des conditions de combat que je juge absolument inacceptables.

Malgré les vives instances de M. Maignol, disposé à tout accepter, je vous déclare formellement que je ne puis plus me mêler de cette affaire. Je n'accepterai que le duel à l'épée, aussi sérieux que vous pourrez le désirer.

Ma lettre n'engage en rien M. Cornet, qui habite

Montluçon, et *auquel* je n'ai pu communiquer votre lettre arrivée ce matin à Moulins. — J'écris en mon nom personnel.

Veuillez agréer, Messieurs, l'assurance de mes sentiments distingués.

Signé : G. JÉMOIS,
12, boulevard du Champbonnet.

Voici l'adresse de M. Cornet :

M. CORNET, propriétaire à Montluçon (Allier).

———

M. CORNET A MM. LOUIS-LANDE ET MAGNE.

Montluçon, le 22 mars 1876.

Messieurs,

Pour me conformer aux désirs de mon ami M. Maignol, je viens terminer la discussion commencée par M. Jémois, avec vous.

Je maintiens notre droit au choix des armes; tous nos amis de Moulins et de Montluçon nous donnent raison sur ce point et regrettent pour M. Gerzat qu'il n'ait pas accepté l'épée.

Si donc vous persistez à refuser cette arme, à mon grand regret pour M. Gerzat comme pour M. Maignol, je vous proposerai de vous en remettre au sort.

Si vous acceptez nous serons à Genève le 28 courant hôtel du Lac, au plus tard à 9 heures du soir, où vous voudrez bien nous indiquer par un mot l'heure et l'endroit dans lequel nous vous verrons pour arrêter les conditions de la rencontre du lendemain.

Veuillez, Messieurs, agréer l'expression de ma considération la plus distinguée.

Signé : CORNET,
Montluçon (Allier).

P.-S. — Nous apporterons épées et pistolets. Soyez assez bons pour me prévenir par retour du courrier, car il me faut un jour et demi pour communiquer avec M. Maignol et M. Jémois, qui est en voyage, ou celui qui le remplacera.

Signé · CORNET.

MM. LOUIS-LANDE ET MAGNE A M. CORNET.

Paris, 23 mars 1876.

Monsieur,

Depuis plus de vingt jours nous nous demandons quels sont les deux témoins qui voudront bien assister M. Maignol.

Nous avons reçu, datée du 19 mars, la démission formelle de M. G. Jémois.

Les lettres comme celles que vous écrivez sont ordinairement signées de deux personnes et doivent l'être.

Jusqu'ici, dans cette affaire, nous nous étions guidés sur notre conscience seule, mais puisque vous avez cru devoir vous adresser à l'opinion de vos amis, nous leur opposerons celle du comte de Châtevillard.(Essai sur le duel. Bohaire, Paris 1836) qui fait loi en pareille matière.

Tout duel doit avoir lieu dans les 48 heures, à moins d'une convention contraire de la part des témoins.

L'injure grave constitue suffisamment l'offense, et, bien qu'on ait pu y répondre par une autre injure, c'est le premier qui l'a reçue qui reste l'offensé.

L'offensé avec insulte grave choisit son duel et ses armes.

Le fils peut prendre la défense de son père, trop faible pour répondre à une offense, si l'adversaire est plus rapproché de l'âge du fils, que de celui du père, et que ce dernier ait 60 ans au moins ; il se met au lieu et place de la personne offensée, et profite de ses droits.

Le fils ne peut se mêler de l'affaire de son père, si ce dernier est l'agresseur.

Et, parmi les duels légaux, nous trouvons :

Le duel au pistolet, à Marcher.

Donc nous nous en tiendrons encore à notre lettre du 13 mars.

Comme cette affaire en se prolongeant risquerait de devenir ridicule, même pour nous, nous vous déclarons que si, mardi matin, nous ne recevons pas une lettre des deux témoins de M. Maignol, réglant définitivement la question, nous ne persisterons plus à demander une réparation à qui ne peut ou ne veut pas l'accorder.

Agréez, Monsieur, etc.

Signé : L. LOUIS-LANDE,   P. MAGNE,

M. Louis-Lande reçoit de M. Cornet une dépêche ainsi conçue :

Vous recevrez demain lettre annonçant acceptation et départ.

Réponse de MM. Louis-Lande et Magne.
Nous y serons.

M. Cornet a MM. Louis-Lande et Magne.
Montluçon (Allier), 24 mars 1876 (vendredi).

Messieurs,

M. Jémois, autant pour M. Gerzat que pour M. Maignol, a réclamé l'épée : c'est l'arme dont on aime à se servir en Bourbonnais, et qui convient le mieux à deux jeunes gens courageux, valides et officiers. Vous en avez décidé autrement, et, le manuel en main, vous nous forcez à nous incliner.

Si le pays, les familles et les amis sont privés de leur enfant, de leur ami, ou les voient revenir estropiés, à vous, Messieurs, toute la responsabilité. Nous avons fait du sentiment avec M. Jémois ; nous avons été bien longs, malgré les prières de notre ami Maignol ; nous vous en faisons nos excuses. Nous étant, l'un et l'autre, battus plusieurs fois, conseillés par nos amis, plus praticiens que théoriciens, connus l'un et l'autre de M. Gerzat, nous avons cru, à tort, pouvoir nous le permettre. Votre lettre, qui est un vrai cours sur le duel, et qui se termine d'une façon si raide, nous a appris l'oubli de M. Gerzat à notre endroit, vis-à-vis de vous. Aussi m'empressé-je, en mon nom et au nom de mon ami, M. Jémois, de vous dire que nous serons, le 29, à Genève, hôtel du Lac, où vous voudrez bien nous faire savoir le lieu et l'heure du rendez-vous pour arrêter les conditions du tir, le nombre des balles, etc., toutes choses plus faciles à décider de vive voix, qui, par lettre, retarderaient, à notre grand regret l'heure de la rencontre, et que votre manuel nou donne le droit de discuter.

Veuillez, Messieurs, recevoir mes salutations.

Signé : CORNET.

P, S. Pour répondre à votre exigence inconnue des gens du monde Bourbonnais, vous recevrez pareille lettre signée de M. Jémois et de moi. Par celle-ci vous vous trouverez averti un jour plus tôt.

Veuillez répondre par dépêche, s'il vous plait, pour que j'aie le temps de prévenir ces Messieurs.

M. JÉMOIS A M. LOUIS-LANDE.

Samedi soir, 25 mars 1876.

Monsieur,

A mon grand étonnement une dépêche signée Cornet, m'annonce que je suis attendu à Genève.

J'ai cependant eu l'honneur de vous déclarer très-catégoriquement, que malgré les plus vives instances de M. Maignol, je refusais absolument de lui servir de second dans les conditions que vous savez et pour les motifs que je vous ai fait connaître antérieurement.

Je persiste plus que jamais dans ma résolution. Douze années passées honorablement au service comme officier me permettent de juger, et cela sans le secours de personne, ce que je fais et ce que j'ai à faire.

Veuillez donc considérer comme non avenue toute lettre, toute dépêche non signée de moi et m'engageant en quoi que ce soit, pour vous en tenir uniquement à ce que j'ai écrit.

Ceci est pour clore définitivement notre correspondance.

Agréez, Monsieur, l'assurance de ma considération très-distinguée.

Signé : G. JÉMOIS.

Boulevard du Champbonnet. — Moulins.

MM. CORNET à MM. LOUIS-LANDE ET MAGNE, 7, rue l'abbé de l'Épée, Paris.

Montluçon (Allier), 26 mars 1876, dimanche.

Messieurs,

M. le baron de Charnisai M. Maignol et moi avons l'honneur de vous écrire que nous serons le 28 au soir, à

Genève, hôtel du Lac, où nous vous attendrons jusqu'au 29 soir.

Veuillez, Messieurs, recevoir nos salutations les plus empressées.

Signé : CORNET.

———

La perte d'un parent a empêché M. de Charnisai de se joindre à M. Cornet. Le 28 mars, à minuit, invités par une lettre de MM. Louis-Lande et Magne, déposée à l'hôtel du Lac, M. Cornet et M. Lucien Duchet, qui remplace M. de Charnisai, se présentent à l'hôtel des Bergues en arrivant à Genève.

———

1er PROCÈS-VERBAL.

Genève, 29 mars 1876.

3 heures. — A la suite de paroles prononcées par M. Maignol, le 22 février 1876, et adressées à M. Gerzat père ; M. Charles Gerzat a écrit une lettre, datée du 2 mars, à M. Maignol, lui demandant réparation par les armes.

En conséquence, MM. Louis-Lande et Magne, témoins de M. Ch. Gerzat et MM. Cornet et L. Duchet témoins de M. Maignol, se sont réunis aujourd'hui à Genève, hôtel des Bergues, et tout autre arrangement ayant été reconnu impossible, malgré les instances réitérées des témoins de M. Maignol pour obtenir l'épée, (M. Ch. Gerzat ne voulant choisir d'autre arme que le pistolet, et d'autre part aucune excuse n'étant offerte par M. Maignol), les conditions de la rencontre ont été réglées comme suit :

3 h. 1/2. — A ce moment la discussion s'interrompt, Deux démarches sont faites par MM. L. Duchet et Magne, agissant au nom des deux parties ; l'une auprès de M. Maignol, dans un but de conciliation, l'autre auprès de M. Gerzat pour obtenir de lui qu'il accepte le duel au commandement. La discussion reprend à 4 h. 1/4.

Sur le refus formel de M. Ch. Gerzat, MM. Louis-Lande et Magne exposent leurs conditions qui sont celles-ci :

Duel au pistolet à 20 m. tir à volonté, trois balles à échanger.

MM. Cornet et L. Duchet vont jusqu'à accepter seulement deux balles et le tir au commandement, à vingt-cinq pas.

Dans l'impossibilité de s'entendre, les quatre témoins déclarent qu'il n'y a plus lieu de poursuivre entre eux les négociations.

6 heures. — Au moment de clore la discussion, M. Lucien Duchet propose d'en référer à un jury d'honneur, Les trois autres témoins souscrivent à cette proposition.

En foi de quoi ont signé :

L. Duchet.

Cornet.

L. Louis-Lande.

Dr P. Magne.

L. Duchet.
Cornet.
L. Louis-Lande.
Dr P. Magne.

2ᵉ PROCÈS-VERBAL,

Genève hôtel des Bergues, 1ᵉʳ Avril 1876.

Pour donner suite à la proposition M. L. Duchet, MM
L. Duchet et Louis-Lande se sont rendus à Lyon et ont
consulté deux officiers supérieurs de l'Armée française.

L'avis des deux personnes consultées a été qu'il fallait
mettre en tout cela la plus grande modération ; l'une
même a conseillé l'épée de préférence, et en second lieu
le pistolet : une seule balle échangée, à vingt-cinq pas,
au commandement.

En conséquence, MM. Cornet et L. Duchet ont demandé tout d'abord qu'on se rendît à l'avis de l'officier supé-
rieur conseillant l'épée, mais n'ont pas insisté devant la
volonté formelle de M. Ch. Gerzat.

Quant à la façon d'entendre le duel au commandement,
une divergence d'opinions s'est produite tout à coup entre
les parties : MM. Cornet et L. Duchet déclarent que pour
eux le duel au commandement a toujours été le tir si-
multané au *troisième* commandement. MM. Louis-
Lande et Magne sont chargés au contraire par M. Ch.
Gerzat d'exprimer sa résolution définitive ainsi conçue :

« *Je n'accepte pas d'autre duel au commandement*
« *que celui où les adversaires ont le droit de tirer*
« *entre les commandements 1 et 3, prononcés de*
« *seconde en seconde, montre en main.* »

M. Ch. Gerzat déclare en outre, que « *différemment,*

« *la réparation ne lui parait pas suffisante et pro-*
« *portionnée à l'offense.* »

Dans l'impossibilité de s'entendre, les quatre témoins
de nouveau, déclarent qu'il n'y a plus lieu de donner suite
à l'affaire.

En foi de quoi ont signé :

L. Louis-Lande   L. Duchet

P. Agne,   M Cornet

———————

M. Maignol a MM. Louis-Lande et Magne.

Genéve, hôtel du lac 2 avril 1876.

Monsieur,

Je viens trancher moi-mêmela question en litige, et
j'ai l'honneur de vous informer que j'accepte les conditions de combat réclamées hier par M. Gerzat. Je désire-
rais que tout se termine demain matin et vous prie de
vouloir bien me faire connaître aujourd'hui l'heure et le
lieu que vous aurez choisi.

Veuillez aussi m'accuser réception de cette lettre par le
retour du commissionnaire et agréer, Monsieur, l'assurance de mes sentiments les plus distingués

Signé : L. Maignol

MM. Louis-Lande et Magne a M. Maignol.

Genève, dimanche.

Monsieur,

Vous comprendrez que nous persistions dans les sentiments exprimés hier devant vos deux témoins et qu'à notre grand regret nous nous retirions d'une affaire que malgré toute notre bonne volonté, nous n'avons pu régler.

Signé : Louis-Lande. P. Magne

M. Maignol a M. Charles Gerzat.

Genève (Hôtel du Lac). 2 avril 1876.

Monsieur,

D'après ce qui vient de se passer, je tiens à vous dire ce que je pense de votre conduite, Vous n'avez voulu faire que de la mise en scène et n'êtes maintenant pour moi qu'un drôle. Si à la suite de cela vous jugez à propos de me provoquer, vous avez jusqu'à ce soir pour prendre une décision. J'accepterai toutes vos conditions. Autrement j'attendrai patiemment la paire de soufflets que mérite ma lettre et que vous pourrez m'infliger publiquement dans notre pays où vous le savez très bien, vous êtes sûr de me rencontrer quand vous le voudrez.

Signé : L. Maignol.

M. CHARLES GERZAT A M. MAIGNOL.

Genève 2 avril 1876.

Monsieur,

Mes conditions, que vous pouviez accepter dès le 3 mars 1876, sont, et ont toujours été celles d'un combat sérieux, le seul que j'admette. J'ai refusé hier un duel ridicule.

Je consens à recevoir une déclaration écrite où deux témions s'engagent sur l'honneur à vous assister jusqu'au bout, admettant d'avance, et sans discussion ultérieure l'échange de trois balles à volonté, à vingt mètres, avec les armes neuves apportées par MM. Magne et Lande, armes que je ne connais pas.

Si j'ai reçu demain avant midi l'engagement sur l'honneur que j'exige, formulé sans restriction d'aucune sorte, Je préviendrai par dépêche les deux personnes qui devront m'assister. MM. Magne et Lande, mus par un sentiment de dignité, fatigués de tant de longueurs, ont cru devoir, avec mon assentiment, renoncer au rôle de témoins. Ils veulent bien rester près de moi à titre d'amis.

Signé : CHARLES GERZAT.

Une lettre datée de Limoges, 20 mars 1876, de M. F. MAURAT-BALLANGE à M. CHARLES GERZAT, contient ces mots :

Si tu as besoin de moi, si je te suis utile d'une façon ou d'une autre, fais-le moi savoir et j'accours.

M. Baills, Lieutenant de Vaisseau, répond par dépêche à M. Charles Gerzat :

Paris, 2 avril, 8 h. 15. Soir,

Partirai si besoin. Télégraphiez doublement, 20, rue
Cujas, et dépôt, 13, Université, pour plus de sûreté,

M. Gerzat à M. Maignol, à Concize (Allier).

Genêve, 3 avril 1876.

Midi 10 m., heure de Paris,

Monsieur,

Vous avez injurié mon père.

Vous acceptiez toutes mes conditions, disiez-vous, et,
après trente-trois jours, vous n'avez pas trouvé deux
hommes honorables qui aient daigné vous assister jusqu'au bout?

C'est le mépris public qui venge des insulteurs de
votre espèce.

Votre dernière injure voulait atteindre ma personne,
m'exaspérer? On remplit son devoir de sang-froid, et
sans fureurs bruyantes, sachez-le bien, quand on relève
une insulte faite à un père tel que le mien.

C'est pour sauver votre honneur expirant que vous

proférez une injure, que vous mendiez un soufflet. Je vous le refuse.

Vous vous laverez vous-même de vos taches, si vous le pouvez.

Signé : CHARLES GERZAT.

Vu :

L. LOUIS-LANDE, P. MAGNE.

Paris. — Imp. F. Pichon, 51, rue des Feuillantines,